いとおしい生命《いのち》

私たちは天国からの使者

西園寺里香

白光出版

序文

私たちは神の国から降りてきて、経験を積み、修行を重ね、そして本来の姿を思い出し、再び神の国へと戻っていきます。私たちの肉体が地球上にいる間も、本来の永遠なる大生命は神様のもとにあります。どんな時も、どんな状況の中にあっても、私たちの本来の大生命は常に神様のもとにあるのです。

この世において私たちが経験することにはすべて意味があります。すべての機会は私たちに気づきをもたらしてくれます。そしてそれらの気づきを通して、いずれ私たちは目覚めていくのです。神そのものの意識へと。

——右の言葉は、私がこれまでの人生の中で、さまざまな経験、さまざまな感情を味わいながら歩んできたそのプロセスにおいて、実感するようになった言葉です。

私はこれを〝本来の自分からのメッセージ〟であると思っています。

この本では、私が経験した〝本来の自分に会えるプロセス〟を、次の三つの章に分けてみました。

Opportunity 〜機会〜

私は白光真宏会のみ教えのもとで育ったので、守護霊様、守護神様の存在、人間の本来の姿、祈り、意識や光明思想の大切さなどについては小さい頃から耳にしていました。それはきっと私の潜在意識にしみ込んでいたのかもしれません。しかし、実際にそれを経験しはじめたのは、親元から離れてはじめて独りアメリカに留学した頃からでした。

アメリカに行った当初、友達も知り合いもまったくいない環境の中、大量の課題提出など、勉強のプレッシャーでどうにかなりそうになった時に、私は初めて守護霊様、守護神様にお手紙を書きました。それまではすぐに家族に相談することが出来たのですが、この時は時差の関係もあって、連絡を取ることも出来ませんでした。お祈りをしようとしても、雑念が入ってしまい、なかなか心が落ち着きません。私は自分の内で拡大していく不安を感じながら、紙とペンをとって、守護の神霊にお手紙を書いたのです。自分の素直な気持ちをありのままぶつけました。すると、次第に心がスーッと清まり、ペンを進めていくうちに、どこからか力強く私を勇気づけ、進むべき道に導いていてくれる言葉がひびいてきたのです。私はその時はじめて、守護霊様、守護神様の存在とお導きを感じ、自分の人生の機会を通してそれを実感することが出来たのです。

今まで経験したことのなかった不安の直後、私は今まで経験したことのない高揚と涙が出るくらいの至福を経験したのです。その時、はじめて本当の意味で、神々様、守護霊様、守護神様、五井先生に感謝を捧げることが出来ました。そして、自分に与えられた人生経験、機会、不安や恐怖にも大いなる意味があるのだということを少しずつ感じることが出来るようになっていったのです。

Realization ～気づき～　私は、祈りと感謝を通して、本当の平安な場所を見つけてからは、肉体界での良し悪しはすべて神様にお任せしようと思えるようになっていきました。なぜなら、私はそれよりももっと、言葉に表わすことが出来ないほどの幸せを感じられる場所を見つけたからです。それは守護霊様、守護神様と交流すること、守護霊様、守護神様の愛を感じること、そして神様をそこら中に探すことです。この幸せは肉体で経験できる喜びの感覚をはるかに越えていました。

今まではどんなに素敵な洋服を着ても、どんなに素敵なレストランに行っても、涙が止まらないほど幸せだと実感したことはありませんでした。でも、「私は本当に神様から愛され、守護霊様、守護神様に二十四時間見守り導かれているのだ！」

と実感できた時、「私はなんていとおしい存在なのだ！」と心の底から感じたのです。その瞬間、自分の本当に安らげる場所を見つけられたと思いました。幸せで涙がぽろぽろと流れ落ちて、止まらなくなりました。そして、その時からあらゆる変化が自分の内で起こりました。それは自分のことが前よりもどんどん好きになっていったお蔭で、あらゆる人をもっと深く愛し、いとおしく思えるようになっていったのです。

私の目の前には美しい人が現われるようになり、私が見るもの、聞くもの、すべてが変わっていきました。今までと同じ景色を見ているのですが、まったく違うように見えてきました。今までと同じ駅までの道のりを歩く中でも、それまではそこにあったとは気づかなかった一輪の花が咲いているのを見て、とてつもなくいとおしく思えたり、今まで私の五官がキャッチできなかったものがどんどんキャッチできるようになり、美しい体験をさせていただけるようになっていったのです。

Rising ～神の世界へ～

進化の過程において、私はいろいろなプロセスを経てきました。今生だけではなく、過去世においてもあらゆる経験をしてきました。今でもその道を歩きつづけています。でもはっきりと感じられることは、アップダウンがありながらも、それらの経験を通しながら、ある絶対的な法則を実感できる道を今は歩きつつあるということです。その絶対なる法則とは、私は自分の意識通りに生きることが出来、それをひきつけ、創造することが出来るということです。

肉体をもって生きていると、知識やお金、エゴなどあらゆる要素に惑わされ、そこには落とし穴がたくさんあります。私は何度もその誘惑に負けては、本来の姿を見失い、傷つき、転び、迷いながら、その道を歩きつづけてきました。しかし、そんな幻想の中を歩きながらも、祈りながら自らの内に入り、常に自分に問いかけ、そして神様に問いつづけていると必ず道は修正され、進化していることを発見できます。前よりもずっと痛みが少なく、早く、その道は修正され、そして前よりもずっと早く自分の思ったことは現実化されるのです。

私は私の人生で与えられた機会と気づきを通して、この完璧で偉大な宇宙の法則の延長線上に私たちは存在していると確信しています。ある時はそのことを見失うことがあります。しかし、だからこそ今、私には肉体があり、肉体があるからこそ経験することが出来、経験できるからこそ気づきがあり、進化することが出来るのだと思うのです。自分が宇宙と完全に一体であることを経験するまで、私は永遠にいつまでも進化しつづけるのだと思うのです。そこにはゴールはなく、永遠に続くのです。その道のりは神様の貴重な贈りものであり、愛すべき道であると考えています。ですから私は私の生命《いのち》に、私の人生体験に深く感謝しているのです。

いとおしい生命《いのち》～私たちは天国からの使者…………………………目次

第2章 Realization ～気づき～

第3章 Rising ～神の世界へ～

装丁・装画　木下真一郎

第1章

Opportunity ～機会～

‡ 真理

私たちは常に神々様、守護霊様(注1)、守護神様に守られ、導かれて完璧な道を歩んで生きている
それを知っているか知らないかの違いでその人の人生の質は全く変わってくる

知っていながら普通の生活をする
知っていながら普通の人間として
地に足が着いた生活をする

気づいているか気づいていないか……たったその違いで、

知る機会を得たか得なかったか……たったそれだけの違いで
その道、その経験、その目的、その過程、その運命は全く変わってくる

ただ知っているだけ
ただ気づいているだけ
ただそれに出会える機会を得ただけで
すべては宇宙の完璧な運行に乗ってしまう

多くのものはそれに触れたくても
時期が早ければ触れる機会さえ自分でつくることが出来ない

だから真理に出会えた人

真理の大切さに気づいた人
真理に目覚めた人は
世界一幸せな人

特別な修行をする必要もなく
特別な苦行をする必要もなく

ただ知っているだけ
ただ気づいているだけで
それだけですべてが完璧に整っていき
自らの大天命は完うしていく

どんな人間として
どんな経験を通して生きていても
必ずすべてはうまくいくようになっている

祈りを中心に
神一点を見つめながら
自分自身の本来の姿をどんどん深めていく

本来の自分自身を知るプロセスほど
この世の平和のためになっていることはない
この世の人類のための働きをしていることはない

縁あって守護霊様、守護神様と繋がることが出来て
縁あって世界平和の祈り（注2）を祈れて
本来の姿を見極める真理と出会えて
ただそれだけで
私はこの世に降りてきた大いなる意味を感じられる

（注1）人類の背後にあって、常に運命の修正に尽力してくれている、各人に専属の神霊を指します。守護霊は先祖の悟った霊で、正守護霊と副守護霊がいます。正守護霊は、一人の肉体人間に専属し、その主運を指導しています。副守護霊は仕事についての指導を受け持っています。その上位にあって、各守護霊に力を添えているのが、守護神です。

（注2）白光真宏会創始者・五井昌久先生提唱の「世界平和の祈り」を指します。この祈りをするところに必ず救世の大光明が輝き、自分が救われるとともに、世界人類の光明化、大調和に絶大なる働きをなします。巻末の参考資料参照。

‡ 自然体で生きるということ

留学前の自分に語りかけたい言葉

家族のもとを初めて離れ、一人でのアメリカ留学生活というのは、私にとっては短期集中型の成長の時間でありました。その間は勉強の日々であり、さまざまな人々との出会いであり、自然との触れ合いであり、そして何よりも自分のことをもっと知り、自分と仲良くなれた、とても贅沢な時間だったように思います。

そんな時間を振り返っていた私は、もしその頃の自分と話すことが出来たら、何を言ってあげるだろう？　とふと思いました。

そしてきっとこう語りかけているであろう、という自分のイメージが浮かんできました。「そんなに焦らなくてもいいよ。もっと肩の力を抜いて、自然体に生きればいいのだよ」

なぜなら、それまでの私は、なかなか自分に自信が持てずに、何か吸収しなきゃ、刺激を受けなきゃ、もっと立派にならなきゃ、と常に何かを証明しなければならないような焦りがあったからです。

人のやっていることが、とてもかっこよく見えたり、人がやっていることを真似してみたり、いろいろと試していました。そんな自分も嫌いではないのですが、それが自分の内なる希望と一致していないと、周りの人の意見がとても気になり、不快になり始めるのです。

だから、もっと今の自分と仲良くなろう、今の自分をもっと愛してあげようと思うようになったのです。それからは、出来るだけ自然体で生きてみるよう、心がけてきたつもりです。

苦手な人と自然体で接した体験

ある時、ちょうどそれを試されるような出来事が起きました。

私には一人だけミシガンに苦手だと思っていた（無限なる愛！）年配の知人がいました。なぜ苦手だったかというと、その方と話をすると、自尊心を吸い取られるような体験をしていたからです。家に帰るとぐったりと疲れ、その方から言われたことや、その方の態度にひどく傷ついている自分や、腹を立てている自分と向き合わされていたからです。

卒業式が終わった次の日、その方から卒業を祝ってくださるというお電話を頂いたので、会うことになりました。その頃私は、母と妹の三人でベジタリアン（菜食主義）体験をしていたので、お肉は食べていませんでした。ベジタリアンになることで、体や心にどのような変化があるか試してみよう、という三ヵ月限定のベジタリアン体験をしていたのです。

ですから、その方とお会いする前の私の心は、「あー、私がベジタリアンであることを知られたら、また何かと否定的なことを言われるかなー？　いやだなー」など不快な気持ちを抱いていました。そしてメニューを見ている最中、恐る恐る言おうか言うまいか迷った挙句思い切って、「私、今日はベジタリアンディッシュを頂きます」と言ったのです。すると、案の定彼女の口からは否定的な質問や言葉が返ってきたので、少し落ち込みそうになりました。

でもその瞬間、これは自分の成長につながる機会であることを思い出しました。そして、私が前に似たような経験をした時に、母が私に言ってくれた言葉を思い出したのです。

その言葉とは次のようなものでした。

「里香、相手があなたのことをどう見ても、あなたのことをどう思っても、どんなことを言ってきても、それはその人の自由であり、その発言や態度の自由を奪うことは出来ないのよ。ただ出来ることは、それらの言葉、思い、エネルギーをあなたがどう受け止めて、それらに惑わされずに自分が信じていること、やりたいことをやり通すか。

相手の言葉や思いをコントロールすることは出来ない。でもそれらを受け止める態度と自分の感情想念をコントロールすることは出来る。それが出来たら、里香はありのままの姿で、誰とでも自然体に接することが出来るのよ」

私はこの言葉を実行しようと心がけました。

そうすると、彼女の否定的な言葉や態度は全然気にならなくなっていったのです。自分の受け止め方をコントロールすることは簡単ではありませんでした。でも自分を信じて堂々と自然体でいたら、突然彼女のほうから、「私も三ヵ月くらいやってみようかしら?!」と言ってきたのです。そして、その日は二人で、ベジタリアンディッシュを美味しく楽しく頂けたのです。

自分の想いを自由に出来ることの大切さ

私は、自然体であるということは、自分の存在を誰かに証明しようとする欲求を手放すことである、ということを初めて確信したのです。

五井先生の講話にも、次のような箇所がありました。

「人間が一番やらなきゃならない大事なことは、自分の想いを、自分で自由に出来るようになることなんです。自由自在心といいますね。自分の想いを自由に出来ることが悟りなんです。……

だから、自分の想いに把われないこと、自分の想いを自由自在に、自分の一番望むままにすることです。お酒を飲みたくない人は飲まない。何にも飲みたくない人は飲まない。こうしたい人はこうする。あらゆる出来事を自分の一番望むままに、想いを駆使して出来るような人間になることがいいわけです。そのためには、消えてゆく姿（注3）で世界平和の祈りという、こういうやり方が一番いいわけですね」

五井先生と母の言葉は、今まで自分の中で〝苦手な人〟と決めつけていた自分の想いを自由自在に操れることを体験させてくれました。

むしろその方のお蔭でこのような真理を体験できたので、偶然の出会いではなかったように思います。ですから彼女の存在は、今では〝苦手な人〟から〝真理を体験させてくれた人〟になっているのです。

（注3）怒り、憎しみ、嫉妬、不安、恐怖、悲しみなどの感情想念が出てきた時に、それらは新たに生じたのではなく、自分の中にあった悪因縁の感情が、消えてゆくために現われてきた、即ち消えてゆく姿だと観て、世界平和の祈りを祈り、その祈りの持つ大光明の中で消し去る行のことです。この行を続けると、潜在意識が浄化されてゆきます。

❖「執着心」を乗り越えて

私は以前、物事に執着してしまうことで、自分をより苦しい状況に追いやってしまったことがありました。計画通りに物事が進まなかった時など、どうしてもそこから想いが離れられなくなっていたのです。

〝何かに強く把われている時ほど、状況は苦しくなる〟ということを経験した私は、以来、何事に対しても出来るだけ執着しない練習を始めました。

そして今、かつての自分と現在の自分を比較してみると、私の中にある変化を感じることが出来ます。それは「心の平静さ」だと思うのです。物事に執着しないように努力し始めてから、以前よりもずっと心の平静さを保てるようになったのです。

私の体験から

先日も面白い体験をしました。友達との待ち合わせに遅れてしまって焦っていた私は、何よりも大切にしていた日記帳をタクシーの中に置き忘れてしまいました。その日記帳は、私が感じたことや観察したことをいつでも書けるように、必ず持ち歩いていたノートでした。

そのことを聞いた優しい妹は、タクシー会社一つ一つに連絡してみると言ってくれました。しかし、執着心を出来るだけ持たないよう意識していた私は、これも何か意味があることだと思って、きっぱりとノートに執着するのをやめました。それを決めた瞬間から、ノートのことはまったく気にならなくなり、無くしたことも前向きに考えられるようになりました。

そんな、ノートを無くしたことすらも忘れていたある日、妹が「今さっきタクシーの運転手さんがノートを届けにきてくれたのよ」と言って、ノートを渡してくれたのです。戻ってくるなんて少しも予期していなかったので、本当にびっくりしました。

この体験は小さなものですが、真理を確実に教えてくれたように思います。自分が何かに執着している時は、どうしてもその強い想いにコントロールされてしまいます。でも思い切ってその想いを捨てると、それだけですべては上手くいくのです。

自由自在心

その「執着心」について、ある時友達と話していると、質問が返ってきました。以前、私はその友達に、何事にせよ自分が強く思ったことは必ず宇宙に伝わるから、強く思いつづけたら叶うという話をしていました。

しかし、その友達は強く思うことと、執着の違いが分かりにくいと言うのです。もう少し詳しく説明すると、自分が宇宙に放つメッセージが執着なのか、そうでないのかの区別がつかないと聞いてきたのです。

確かに、宇宙に自分の思いを伝えるために思うことと、何かにこだわって執着する思いの区別がつきにくいと感じる時があるかもしれません。しかし、自分の強い思いが執着であるかないかは、自分の心と向き合ってみると簡単に答えが出ると思うのです。つまり、自分の心がどれだけ自由であるかを見つめればよいと思うのです。

「執着心」とは、自分の心がまったく自由にならない状態なのです。自分の心がある想いに把われて、窮屈な箱に入ってしまっているようなものです。

先ほどの例で言うと、自分の心がノートにばかり縛られてしまい、その想いから自由になれない状態です。一方、執着していない時の自分の想いは、確かにノートが返ってきたら嬉しいとは思いながらも、自分の欲求から解放されているので、その想いは必ず宇宙に伝わって、よい結果を創造するのだと思います。

神様は人間に自由を与え、自由を経験させたいと思っています。ですから、人間は自由に自分の人生を創造することが出来、どんな状況に置かれていたとしても、すべては自分の想いにおいて不足しているものなどないのです。

自分に必要なものはすべて自分の内にある、ということを信じさえすれば、何かに執着してしまう心は自然と消えていくのだと思います。

⁑ 光明思想徹底行の素晴らしさ

ご神事と日常生活

私は小さい頃から、神様に私の器を遣っていただける「ご神事」の時間が何よりも大好きでした。なぜ小さい頃からそんなに好きだったかというと、きっと家族五人が集まって、一つのことに一生懸命に集中できる時間がなんとも素晴らしい時間として私の心の中に残っているからです。私たちは、今まで思い出しきれないほどのご神事を共にこなしてきました。五人で富士登山し、五人で断食し、五人で朗読し、五人で平和の謹書をし、五人で統一(注4)し、五人で世界平和の祈りをし、五人で印(注5)を組み、マンダラ(注6)を描き上げ……常に五人で力を合わせ、お互いを支え合いながら、神様一点に集中してエネルギーを注ぎ、同じ体験を共有できたことは、私の中で何よりも素晴らしい体験として残っています。幼少時代は家族みんなが密につながって一つの目的に向かってエネルギーを注げることが何よりも幸せであったわけですが、今ではその積み重ねてきたご神事の行が私自身の生きる原動力、パワーの源、信じる力となっているわけです。どんなことが目の前に起こったとしても動揺することのない肉体と精神をご神事を通して磨いていただいたと思っています。しかし本当にいろいろなプロセスを経て、今このように思えるようになっているわけです。

光明思想徹底行（注7）が始まったのは、ちょうど私が高校に上がって、ドイツのインターナショナルスクールに通い始めた頃でした。学校から帰ると、宿題を後回しにして、すぐに姉と妹と三人で机に向かって、ただひたすら、無限なる光明の言葉（注8）を謹書しつづける日々を送っていたのを鮮明に覚えています。週末になると家族全員で輪になり、米粒のように小さな字で、一枚の紙を光明の言葉で埋め尽くし、それを小さく切って、近所の公園やありとあらゆるところに撒いて回ったのも覚えています。長期の休みなどには、ドイツに隣接する国へ行き、光明の言葉を書いた小さな紙を撒きつづけるご神事を繰り返しました。この地球上に光明の光と波動が満ち溢れることを心の底から祈って行に徹していました。

しかし、その時の私の意識は、まだ光明思想徹底行はあくまでもご神事であって、日常生活と直接的には結びついてはいませんでした（もちろん、潜在意識の部分ではとても大きな働きをしていたのだと思いますが）。つまり、まだ光明思想が、私自身の日常生活の習慣の中に根づいてはいなかったのです。その頃の私は、悲惨な報道を見ては大声で批判をし、気に食わないことがあると感情想念に流されていました。光明思想を生活に取り入れていないことにさえ気づかず、光明思想を行じていたのです。でもご神事に対しては、ただただ純粋な気持ちを持って遂行していたため、ご神事をしている時は精一杯力を出し、自分の最も美しい、光り輝く神々しい部分を出していました。ただその意識と、日常生活での意識とがしっかりと一つに結びついてはいなかったのです。

しかし、母は私が感情想念に流されているのを目にした時でも、「光明思想を徹底しなさい！」とは言いませんでした。きっと行を積み重ねていくうちに、自然と自分の内から光明思想が顕れる日が来るのを確信していたからだと思うのです。ですから、未だ成長過程にいる私に、「光明思想を徹底しなさい」などの助言はあまり意味がなく、かえって純粋に行を行なっている私の思いや意欲を失わせると考えたのかもしれません。

意識で世界は変わる

今、振り返ってみると、あのようにただ純粋に行なっていた行というものが、自分にとってどれだけ大きな働きをしていたのかを理解することが出来ます。私の内なる目覚めを無意識のうちに促《うなが》してくれていたのです。

そうしたプロセスを経て、光明思想徹底行を続けていた私にある変化が起きたのは、それから大分経った頃です。自分が光明思想を徹底していない時――たとえば、人を批判した瞬間、文句を言った瞬間、自分が否定的な思いを発した瞬間、そのことに気づくようになっていったのです。それまでは否定的な言葉を発していても、気づきもしなかったのですが、光明思想徹底行を続けているうちに、潜在意識のコップの中から光明思想が溢れ出し、それによって顕在意識に顕れ始めるようになったのです。

私は、自分の発する想いに敏感になっていきました。そして、マイナスの想いや言葉を発するたびに、無限なる光明の言葉で消していくことが出来るようになりました。嫌なことをされても、自分の感情が前ほど揺れ動かなくなり、揺れ動いたとしてもすぐに消えていきました。そういう段階を踏んでいくうちに、今度は人々が語る否定的な想念や言葉に敏感になっていきました。否定的な言葉に対しては、自然と自分の耳がふさがり、避けられるようになっていきました。否定的な言葉が聞こえてきても、それらがほとんど自分の体の中には入ってこないようなメカニズムが働き始めるようになったのです。逆に、私の五官は、美しい言葉や音、清らかな波動、温かい心に反応するようになりました。常に前向きで、明るく、優しく、感謝の言葉に溢れている人に惹かれるようになりました。すると、自然と自分の周りには光明で前向きな生き方をしている人々、感謝に溢れる人々が集ってくるのです。自分の意識が変われば、自然と集まってくる人々も、ひきつけ合う人々も変わっていきます。

それと同時に、自分が耳にする言葉や音すべてが変化していくのです。今までこんなに美しいものがこの世に存在していたとは思えないくらいに、自分が目にするもの、耳にするものすべてが輝き始めるのです。同じ道を通っても、同じ人と話していても以前とはまったく違う音や物が聞こえ、見えてくるのを経験します。私はそれを経験した時に、すべては自分自身の意識次第で、こんなにも違う世界に映るものかと感動しました。そして、自分が高まれば高まるほど、磨かれれば磨かれるほど、今の自分には想像できない美しいものを発見し、それに囲まれて毎日を過ごすことが出来るのだろうと思うのです。そのような世界を開き、掴むのも自分自身の努力と意識次第なのであります。

当然のことですが、私が発する言葉が変わらなければ、聞こえてくる言葉も変わりません。私の見方が変わらなければ、見えてくるものも変わりません。自分の耳が自分の発している言葉を一番よく聞いています。自分の目が自分の見ているものを一番よく知っています。自分の意識が自分の意識していることを一番よく分かっています。すべてのすべては自分から放たれて、自分に返ってきているのです。

人生を築くエネルギー

宇宙の真理というのは、複雑なようで実にシンプルであることを、つくづく感じます。すべては自分が発して、自分に返ってきているという単純法則です。仕事でどうやって高いポジションにつくか、学校でどれだけ優秀な点を取るか、どれだけお金を稼ぐかなどを考え、それがあたかも幸せの鍵であると信じて悩み、足掻《あが》いている中でも、時間は確実に、瞬々刻々と流れ、それらの想いに基づいて未来は築かれていきます。人は日頃考え、思い、放っていることが自分の人生を築いていると も知らずに、どんどん時間は流れていっているのです。

私は常に思うのです。今ここにある空間と時間とエネルギーが、まさに私の人生そのものをつくり上げていっているのであろうと。だから今、目の前にあるこの空間と時間を光明のエネルギー、光明の言葉と、光明の想いで埋めつくしていこう。苦しい時でも、小さく消していただいていることに深く感謝しながら、その隙間に出来るだけ輝かしい想いと、感謝と、祈りを詰めていこう。それはすべて自分に返ってくる。そしていつか必ず自分の五官は、すべての中に神を見出していくのだと純粋に信じ、思うことによって必ずそれは成就するのだと思うのです。

（注4）統一とは、自己の想念が自己の本心、神のみ心と一つになるために行なうものです。統一の仕方は、白光真宏会のホームページ（http://www.byakko.or.jp）でご覧いただけます。

（注5）印には、さまざまな種類があります。白光真宏会会長・西園寺昌美先生が提唱した自己の神性を顕現させる「我即神也の印」と、人類に真理の目覚めを促す「人類即神也の印」は、国内外に広まり、多くの人々によって組まれています。この二つの印は、宇宙エネルギーを肉体に取り込むための、発声を伴った動作です。印の組み方は、白光真宏会のホームページ（http://www.byakko.or.jp）でご覧いただけます。

（注6）マンダラには、さまざまな種類があります。西園寺昌美先生が提唱した「宇宙神マンダラ」「地球世界感謝マンダラ」「光明思想マンダラ」は、宇宙のエネルギーの発信源です。これらのマンダラを描くことによって、自分の希望する人生が創造できるようになります。また、人類に真理の目覚めを促し、地球の大自然、生きとし生けるものをよみがえらせてゆきます。マンダラは、白光真宏会のホームページ（http://www.byakko.or.jp）でご覧いただけます。

（注7）日常生活の中で、無限なる光明の言葉を唱え、自己の神性を自覚してゆく行。また、否定的な想いや言葉を発した時に、それを打ち消すための言葉として用いれば、悪い因が善い因に変わってゆきます。（例えば、憎しみの想いが出た場合、その反対の〝無限なる愛〟を唱え、打ち消します）

（注8）無限なる愛、無限なる幸せ、無限なる健康……など、無限なる〇〇という「光明思想の言葉」を指します。光明思想の言葉は巻末参照。

第2章

Realization ～気づき～

‡ ゴミは役割を終えて消えてゆく姿

「ゴミ」……ゴミとは決してはじめから必要なかったものではない。今となっては「ゴミ」と呼ばれているが、いっときそれは誰かが必要としていたものであった。その役割が終わって、消えてゆくもの……今の自分には必要なくなったものを「ゴミ」という。

「ゴミ」というと、あたかも不要なもの、無駄なもののような感じがするけれど、どんなものでも一度は必要とされたからこそ、そこに存在するのであって、はじめから必要とされなかったものなんてこの世には何一つない。

消えてゆく姿も同じ
苦労や痛みや病気……それらは決してはじめから否定されるものではない。
必要な時があるから、それは現われる……
過去を消すために、尊い学びを得るために
だから、自分の人生で不要なもの、無駄な経験、会う必要がなかった人なんて何一つないのかもしれない
すべては役割を果たすために現われ、そして消えてゆく……

ゴミにも感謝
消えてゆく姿に感謝
役割を終えて消えてゆくプロセスに感謝

‡ 消えてゆく姿のプロセス

植物の新しい生命の誕生を観察して、私は思い出します。私たちはどの瞬間においても、守護の神霊に導かれ愛されながら、生命を輝かして生きているということを。今ここに病気のように現われている姿があったとしても、不幸のように現われている姿があったとしても、どんな瞬間でさえも、その生命は輝きを放っています。あらゆるものは現われては、消えていき、そして進化創造を繰り返し、生命は輝きを増しつづけます。

そう思うと、何と有り難い完全なる進化創造の世界に私の生命は置かれているのかと実感し、欠けたるもののない必要なプロセスの中にある自らの姿を有り難く思います。消えてゆく姿のプロセスがどれだけ深い愛と赦しに満ち溢れているかに気づくのです。

‡ 内なる神を見つめて

日常生活の忙しさにかまけて自分を見つめる時間をとっていない時、感謝が足らずに、自分のことばかり考えている日が続くと、私はあらゆることに苛立ちを感じ始めます。周りに対しても優しさが欠け、その結果、怒りとしてすべて自分自身に返ってきます。そのような時は、肉体と本心とがまっすぐにつながっていないというサインであるので、まず何よりも自分を見つめる時間をとることを優先します。

先日もあることをきっかけに、私は改めて自分の内を深く見つめることを宣言しました。すると、神様から自分を深く見つめ、祈る貴重な時間が与えられました。肉体を持ってこの世で生活していると、あらゆる幻想や誘惑に自分を見失うことはよくあります。でも、気持ちがすっきりしなくて状態がおかしいなと思った時に、祈る時間や自分の内なる声に耳を澄ませる時間をとり、守護霊様、守護神様と交流する時間を自分に与えてあげると、必ず自分の本当にやるべきこと、努力すべき点、進むべき道が明確に分かるはずです。

過去を振り返ってみると、私の場合、大きな壁にぶつかり悲しみや苦しみのどん底に落ちていた時のほうが、エネルギーを集中してその時期を密に過ごすことが出来ている気がします。その時は無駄なエネルギーは消耗されずに、本来の人間に備わっている力を発揮し、その体験を通して大きく成長することが出来ています。逆にすべてがうまくいっているような状態の時は、自我が出やすく、その想念に苦しめられることが多々あります。

人間は人生の大きな流れや全体を見ることが出来なくなった時に、本当に窮屈で、不自由さを感じるのではないかと思うのです。エゴや感情想念や消えてゆく姿を絶対なる真実であると摑んでしまうと、苦しみが生じるのです。良いことも悪いことも決して絶対なるものではなくて、消えては現われ、現われては消えてゆく、自分の想念行為が創造した映像体験のようなものなのかもしれません。ですから、私は辛い時には、「あー、後は良くなるしかない。必ず良くなる。絶対に大丈夫!」とそう思うのです。また幸せなことが現われたら、その時々に感謝を忘れずに過ごすようにしていきたいと思います。

✣感情想念

私は感情をコントロールすることが出来ずに、そのエネルギーをよい方向に使うことが出来ない時は、とても苦しい思いをします。嬉しいことがあると舞い上がり、悲しいことがあるとその孤独感から抜け出せなくなり……と、それは非常に危なっかしい不安定な道でありました。

しかし、ある時この感情というものも現われては、また消えるものであって、絶対なるものでないと思え、それを責めたり、無理に抑えたりしなくなり、少し自由になれました。自分が人生の中で経験するネガティブな感情は、ある意味ちっぽけなもので、力があるようで、ないものなのです。自分がそこに力を与えてしまうから、その感情が拡大し、本当に激しく感じられ、抜け出せられない苦しみを味わいます。しかし、一度ネガティブな感情に力をあげることをやめて、そのエネルギーを他のところに向けると一瞬にして力を失っていきます。

ですから、私は激しい感情が湧きあがった時、咄嗟に「世界人類が平和でありますように」と数回唱えて、そこに自分の感情を投げ込んでしまいます。しかし、祈るという行為をするのにもエネルギーがいります。感情想念の渦の中に入っている時には、それに支配されているため、祈るという行為さえも出来なくなる時があります。そういう時は守護霊様、守護神様を呼びます。素直に、正直に「この自分の苦しみを取ってください！」とお願いします。この感情想念から抜け出したい！とお願いするのです。そして〝守護霊様ありがとうございます。守護神様ありがとうございます。世界人類が平和でありますように〟と思いを放つと、気持ちが楽になってお祈りをすることが出来るようになります。

感情想念というのは厄介なものです。そしてそれはまったく当てにならない、気まぐれなもので、ある瞬間から次の瞬間へとコロコロと姿を変えて登場します。しかし、その性質を分かっていれば、顕れた時に強い意志をもって、プラスのほうへと転換することが出来るようになると思うのです。感情想念に力を与えるのではなくて、より高い意識へと自分を導いて、自分が拡大したいと思う想念を膨らませていくと、そのエネルギーもプラスへと変えていくことが出来るようになると思うのです。それが私にとっては光明思想の訓練であり、祈りであります。

❖ なんてありがたいのだろうか

どんな失敗をしてしまったとしても
形に表われたら
消えてゆくしかないから
消えたらもう終わりだから
そこには何も残っていないのだから

もう手放してしまおう……

なんてありがたいのだろう、この無限なる赦し
なんてありがたいのだろう、この進化のプロセス

なんてありがたいのだろう、この消えてゆく姿

どんなことが起きたとしても
どんな苦しみが目の前に現われたとしても
消えてゆくしかないから
消えたらもう終わりだから
必ず良くなるしかないから

もう忘れてしまおう……

なんてありがたいのだろう、この無限なる大愛
なんてありがたいのだろう、この進化創造

なんてありがたいのだろう、この神様が創られた完璧なる世界

だからもう手放して、忘れてしまおう
そして感謝して過ごそう
前を向いて歩いていこう

なぜって
私は神様がつくられたこの美しい完璧な世界に生命を頂いているのだから

‡ 自分の人生をもっと愛そう

神々様への手紙

私は、時間がある時にはいつも神々様、守護霊様、守護神様、五井先生に手紙を書いています。このような神々様との交流は、私の生活の中で最高に幸せな瞬間をもたらしてくれるのです。

「神々様！　私にこんなにもの幸せを、こんなにものたくさんの愛とお導きを与えてくださって有難うございます。私は自分の人生に起こるすべてのこと――素晴らしいことも、辛いことも、すべてのすべてを有り難く感じます。自分の人生は、本当に他の人とは比べることが出来ないくらい自分にとっては特別で、自分のことをよりいとおしく思え、そして神様とより深くつながらせてくれる、最高の贈りものです」

というふうに、ただただ感謝の言葉を綴ります。そうすると、本当に私の人生の出来事のすべてのすべてが特別で素晴らしい贈りものであると感じられ、自分の人生に起こるあらゆる経験を愛する気持ちが一杯湧いてくるのです。

経験の力

私は幼い時、自分と人の幸せを比較して、自分の幸せの状態を計ろうとしていた時がありました。しかし、苦労や幸せは人と比較することは出来ないということを知った時から、私は自分に与えられたあらゆる経験に感謝できるようになり、自分の人生をもっと愛することが出来るようになりました。私に与えられた経験は、私の力を最大限に引き出してくれるものであると確信しています。

私たちの人生というのは、神様の無限なる愛とご加護のもとに綿密に導かれているということです。ですから、幸せと思えることも、苦しいと思えることも、すべてのすべては自分が「我即神也」[注9]と出会うために起こることである、と思います。辛い経験がなければ、真の平和や真の安らぎを渇望する心は生まれないのかもしれません。そういう意味では、苦しみや悲しみは私たちに最高のものを与えてくれると考えられます。

私がこのように真理の道を歩んでいるのは、心の底から真の平和を渇望しているからだと思うのです。自分が神の意識と、真の安らぎに目覚めるためには、何よりも心の奥底からそれを望んでいなければならないからです。しかし、人類の多くは、まだこの内なる声に耳を向けていないのかもしれません。ですから、物質的な代用品で気を紛らわせて自らを一時的に落ち着かせているのかもしれません。そして本当の幸せとはこの程度だと思い、自らが何を経験するためにこの地球に降りてきたのかを知りたいという、魂の願いに目を向けるチャンスを逃してしまうのかもしれません。

中には、苦悩や逆境を経験していなくても、本来の魂の願いに目を向ける人もいると思います。幸せの経験というのは、私たちに感謝の心を呼び起こしてくれます。どんな時でも感謝の心を持つということは、自我を超えて神様とまったく一つになれる方法であるからです。ですから、それを経験した人は、もっとその喜びを求めると思うのです。

すべてはつながっている

私たち一人一人に与えられた人生のプロット（筋）はみなそれぞれ違いますが、私たちは一つにつながった大きな舞台の上でそれぞれがそれぞれの人生の主役を演じながら、本来の神の姿を舞台上に現わそうとしているのだと思います。私たちは自分たちに与えられた舞台や衣装が気に入らないからといって、それを演じるのをやめるのではなく、どんな状態でも美しい劇を繰り広げることが出来るのだと思います。あらゆる展開があって、最後に神の姿を現わすような舞台こそが最高に面白いと思います。私たちがこの舞台でどんな衣装を身に付けていたとしても、衣装を脱げば全く同じ、神そのものの姿になるのです。舞台を下りれば神の国へと戻っていくのです。ですから、この地球舞台で自分の役を演じきれるように、自らを導いていかなければいけないのだと思います。

私たちの人生というのは本当に素晴らしい輝かしい経験に満ち溢れています。それを嘆き、苦しみ、自分を責めつづけて生きるか、それとも、それらの機会一つ一つを自分たちの本来の姿とつながる最高の贈りものだと信じて感謝するかによって、次の瞬間に引きつける思いや現象までもが全然変わってくるのではないかと思います。

私たちはいつか必ず、自らの存在を通して目覚めなければいけないのです。天から授かった自らの尊い人生——物語を一人一人がもっと愛し、尊ぶことが出来たら、それをもとに人類とつながることが出来ます。そして、世界平和の素晴らしい物語がどんどん織られていくのではないかと思います。

（注9）人間は本来、神そのものであるという真理。我即神也の真理を現わした文章に「我即神也」の宣言文があります。宣言文は121頁参照。

‡ いとおしい生命

自分がどれだけ真理を深めているかを知る最も簡単な手段の一つとして、自分に対してある質問をすることがあります。それは、「自分をどれくらい、いとおしく思いますか？　毎日どれだけ自分の生命《いのち》に感謝し、尊いと思っていますか？」というものです。

私は不思議といつからか、毎晩寝る前に自分の生命に感謝するようになったのです。「里香の生命ありがとう。里香の存在ありがとう。いとおしい里香、明日ももっと生命を輝かせ、人々に喜びを与えることが出来ますように」突然、無意識にもこのような想いが自然と発せられた瞬間、今までとは違う自分の内なる成長を感じました。

では、どうしたら自分を信じ、いとおしく思えるようになるのでしょうか。

私がそう思えるようになったのは、自分が今、ここに存在しているということ、私に生命があるということを実感できた時でした。私を信じ、その存在を尊び、その生命が輝くように協力してくださり、生かしてくれようとしている多くの生命《せいめい》エネルギー、大いなる存在が私の周りを取り巻いているということに気づいたのです。私の肉体一つとってもそうです。私の肉体を一生懸命維持してくれようと二十四時間絶え間なく働きつづけてくれるあらゆる肉体機能があります。体内で争うことなくすべての機能が完全なる調和をもって働きつづけてくれています。水さんも、空気さんも、植物さんも、鉱物さんも、食物さんも私の生命を維持するために存在してくれているのです。

また、私の生命に大いなる意味があると、生命を与えてくださった宇宙神様(注10)が私のことを信じて常に見守ってくださっているのです。そして、非常に近くで導いてくださっている守護霊様、守護神様が一生懸命働き見守ってくださっているのです。

また、私の周りには私を生み育ててくれた両親がいて、喜びと学びを与えてくれる多くの友人が存在しています。皆の愛を受けて私は毎日生きています。これだけ私の周りには私の生命を尊び、生かしてくださる生命エネルギーが溢れているのです。それを思うと、私は私自身の生命に感謝しなければ申し訳ないと思ったのです。こんなにも私を生かすために私を信じ、その存在に大きな意味を感じ、生命を与えてくださった神々様がいらっしゃるのです。そう思えた時、私は私の生命がいとおしくて、大切でたまらなくなり、もっと感謝を深め、もっと自分自身を輝かせて、すべてのものに感謝を返していかなければならないと思ったのです。すると、そういう感謝や愛の思いがどんどん拡大され、私は喜びと幸せの生命エネルギーに包まれる体験をしました。

ある方がこんなことを言っておられました。

「心は拡大レンズ。認めれば現われ、見つめたものが拡大される」私もその通りだと思います。〝我は尊い生命である〟と認めることが出来れば、どんどん内なる神は現われてくるのです。そしてそれを見つめれば見つめるほど、内なる神が拡大されます。

自分の生命を尊く思い、愛することが出来る人は、自然と自分以外の人をも同じようにいとおしく思えるようになるのだと思います。

私たち一人一人の生命は本当に尊い生命です。無条件に愛され、感謝されるべき生命だと思います。ですから、自分をいっぱい愛して褒めてあげてください。生命はどんどん輝いていくに違いありません。

（注10）絶対神。創造神。大宇宙を司る神。

✣光そのものの自分を認める

人間の一番の望み

人間がこの世で一番求めていることは何でしょうか？　お金持ちになることでしょうか？　頭がよくなることでしょうか？　有名になることでしょうか？　そのすべての根本に流れるものとは何でしょうか？

私は考えたことがありました。もしかしたら、人間がこの世で一番望んでいることとは、自分が認められることではないかと。どんなに立派な人でも、どんなに出来た人でも、認められることには喜びを感じるのです。存在価値を認められることは、人間に最も深い喜びと幸福をもたらしてくれるのです。人間は誰しも「自分が生きている」「存在している」そして「すごい生命である」ということを認められたいと思っているのです。誰に一番認められたいかというと、それは自分自身からです。

自分自身が本来の自分の姿を認めたい、思い出したいと誰よりも強く思っているのだと思うのです。しかし、多くの人はそれに気づくことなく、この世的に成功を収め、世間から認められることが、最も幸せで名誉なことであると思っているのです。

しかし、本来はその存在価値を自分自身が認めることさえ出来れば、本来の自分の姿を知ることが出来たら、他を傷つけながらも競争に勝ち、この世で成功を収めようとがむしゃらに頑張らなくても済むのかもしれません。

誰に何を認められたいか

「自分の存在を認められたい！」と思うことは、当然のことだと私は思います。なぜなら人間というのは、本来認められるべき神そのものの存在だからです。完璧で、完全で、光り輝いていて、美しい神そのものの光であるからです。私たちの直霊は、私たちに毎瞬そう叫んでいるのです。直霊は常に「私を見て！　こんなに光り輝いて、完璧なのよ！　神様の光だから、とっても美しいのよ！」と叫んでいるのです。それを私たちに思い出させたくて仕方がないのです。しかし魂の奥深くで叫んでいるので、肉体人間である私たちの多くには、その声がゆがんでしか聞こえてきません。真に心を研ぎ澄まし、耳を澄ませないと、「認められたい本当の理由」が聞こえてこないのです。

魂が曇っていると、自分の存在が認められたい本当の理由がわからず、「自分は人より特別である」とか、「自分は人より優れている」などという、エゴが要求していることを満たそうとしてしまうのです。多くの人は、認められることが自分に喜びを与えてくれるということには気づいているのですが、そのほとんどの人々が気づいていないのは、「誰に何を認められたいか」ということです。人に肉体の自分の凄さを認められることが、喜びにつながるのではありません。本心が一番喜ぶことというのは、「自分自身は神様の直霊である」「完全完璧な神の光そのものである」ということを、自分自身が認めることであるのです。これを確信し、経験することが私たちに何よりもの至福を与えてくれるのです。

それに気づくには、自らを深く見つめ、行を重ねて、エゴの声や心の雑音を消さないと、本心の声は聞こえてこないのです。ほとんどの人は、内面の雑音や過去のテープレコーダーの音が大きくて、あるいは、肉体に執着しているので、なかなか本心の声を聞きとることが出来ないのかもしれません。誰かに褒められたり、認められたりすることは、とても嬉しいことであり、素晴らしいことです。しかし、それはまだまだ本当の幸せではありません。外の評価とは関係なく、内なる雑音を消して、過去のテープレコーダーを止めると、本来の自分と出会え、その幸せは永遠に続くのです。どんな状況に遭遇したとしても、自分は本来光そのもの、神そのものの、完璧完全なるものであるということを確信して生きつづけられるのです。

外からの評価を求めて、必死に競争に勝とうとするのではなくて、自らの内を見つめ、雑音を消し、世界平和の祈りの高い波動の中に自分を入れるのです。そして守護の神霊の愛に包まれて、統一を続けると、自らの魂が渇望していることがわかるようになると思うのです。世界平和の祈りを続けることによって、過去の心の雑音を止めることが出来るようになり、永遠の平安を手にすることが出来るのです。大いなるものに包まれながら生きていくことの幸せを経験すると、外から聞こえてくる評価は関係なくなってくるのだと思います。

本来の姿を現わすためには

五井先生は、私たちが本心の声に耳を傾けられるように、消えてゆく姿で世界平和の祈りという行と、守護の神霊の導きの教えを授けてくださったのです。この行を行なうことによって、自分のことを愛せない人は愛せるようになり、赦せない人は赦せるようになり、心の雑音を少しずつ消していけるようになるのです。心の騒音、自分を責める思い、自分を批判非難するような声を少しずつ消して、最終的には消し去ってしまうことが出来ます。それによって、本来の魂の声を聞くことが出来るようになるのだと思うのです。

そこで、はじめて聞こえてくるのが「我即神也」、「人類即神也」(注11)なのです。ここまで来ると、自分の生活をすべて光明思想に転換して生きていくことが出来るようになるはずです。否定的な思いがある中での、無理な光明思想ではなくて、自然と自分の発する思いや感情想念が光明そのものに導かれ、すべてにおいて調和とバランスがとれてきます。そうなると、自分の目に入ってくること、聞こえてくること、集まってくる人々がすべて、光り輝いたものになっていくことを経験します。同じ人を見ても、その人の美しいところが自然と強調されて、いとおしいという思いが溢れてきます。

私も、心の雑音が大きく、自分を責める声や、人を評価する声、外の声に翻弄されている時があります。でも、五井先生の消えてゆく姿で世界平和の祈りの行を重ねていくうちに、自分のことを赦すことが出来、大好きになっていけるのです。もちろん人から褒められる時は嬉しいですし、認められると気分が良くなりますが、それとは全く別の次元で、「私は光に満ちていて、愛に溢れていて、私に危害を与える人や出来事など一切存在しない」という感覚に常に包まれるようになっていきました。

私たちの生命は常に輝いています。現在どんな苦しみや悲しみを経験していたとしても、本来の生命はどこまでも限りなく、神々しく輝いていると感じます。それを心から確信し、現わしつづけるために、自分を見つめつづけていき、自分に起こる人生体験に感謝していくことが大切なのかもしれません。

（注11）人類即神也の真理を現わした文章に「人類即神也」の宣言文があります。宣言文は巻末参照。

目覚めの瞬間

ありのままの自分を受け入れられる瞬間

人間には、突然はっと気づいて、目覚める瞬間があるように思います。悩みつづけていたことが、ある日突然うそのように解決し、心が晴れ、その執着の思いから完全に自由になる瞬間が来ることがあります。それは徐々にというよりも、どちらかというと瞬間的にスパッと乗り越えて卒業してしまい、自由になる……という感じだと思います。

それは何がきっかけで起こるのかと考えた時、どんな姿の自分をも非難することなく受け入れられた時に起こるのではないかと、私はある経験を通して感じました。

私はある時、本来の完全なる自分が、自我の不完全な自分を大きな心で客観的に見つめているという不思議な体験をしました。私にとってはわりとよくあることなのですが、その日の私は些細なことで気分を悪くし、怒りに身を任せて過ごしていました。でもその次の日のことでした。いつもの私の思考パターンですと、大抵、自分を責めることから始まります。「あーなんて情けないのだろう。また自分の感情をコントロールすることが出来なくて、愚かだな、弱いな、あーまだまだだめだな……」と。

ところが、その日の私の思考パターンはそれとはまったく異なっていました。私は前の日の自分の行動を振り返り、プンプンになった自分の顔や大人気ない自分の姿を思い返し、〝可愛いなー。いとおしいなー。抱きしめてあげたいなー〟と思い、そんな自分の姿を客観的に見ている自分から笑みがこぼれたのです。そしてどこからか聞こえてきたのです。「この瞬間の経験を覚えておいて！」その時私はふと思いました。〝私は今までの私とは違う！〟と。私は自分のことをこのように思えた瞬間、〝私と自分自身との関係はさらに良くなる〟そう確信したのです。そして今までのように、自分のことを否定し、責め、非難することなく、そのありのままの姿を見つめて、受け入れ、包んであげることが出来たことが嬉しくて、そんな自分の中での変化に感謝しました。

プロセスの自分との向き合い方

どんなに悪い癖や過去の習慣や悩みがあっても、それを大きな心で赦して包んであげることが出来るようになったら、その葛藤から卒業する日も近いということだと思います。なぜならプロセスの自分と対立していないからです。プロセスの自分を否定していないからです。プロセスの自分を赦せているからです。プロセスの自分を応援し、見守り、信じているからです。

私は、あの内なる声を聞いた時、自分の悪い癖との向き合い方のコツを摑んだように感じ、過去のような経験をすることはもうないと感じました。それまでの私は、自分の悪い癖と対立し、それを否定し、真っ向から向き合えずに混乱を招いていました。そして同じ葛藤を何度も何度も繰り返していました。しかし、その時初めてあるがままの自分の姿を受け入れ、その姿をいとおしく思えるという経験をし、不完全な自分と真っ向から向き合い、観察し、受け入れ、認め、包み込むことが自然と出来たのです。私はこの時、自分の変化、進化を経験している瞬間であると強く感じ、深い感謝の気持ちが湧いてきました。

あらゆる姿の自分をも受け入れられるようになった時に、人は執着から解放されるのです。それは自分の悩みや悪い癖と戦うスタンスから、受容するスタンスに立てた時に起こるのだと思います。あるがままの姿を見ることが出来た時、その人の中に自然と愛が生まれるのだと強く感じさせられた経験でした。そしてその次には、今まで以上に他をいとおしく思える気持ちが芽生えてきたのです。五井先生の〝自分を赦し人を赦し、自分を愛し人を愛す〟という〝人間と真実の生き方〟(注12)の一部分をしみじみと身近に感じることが出来ました。

私たちの学びはすべて自分から始まります。自分をいかに責めることなく、非難することなく、ありのままの姿を見て、受け入れることが出来るか。それはそう簡単なことではありません。私たちは常に比較したり、批判したり、正当化したり、何かしら自らの姿について判断を下しています。しかし真に反省するということは、自分の悪い癖を責めて、否定することではなく、出来るだけ心を落ち着かせて、何も声をかけることなくそれを見つめることです。見つめている中で、少しずつ静まっていくその心のプロセスを観察して、見守っていくことがコツだと思います。するといつか消えてしまっていることに気づきます。力む必要も頑張る必要もなく、ただ消えてゆく姿を静かな心で見守っていくことが出来たら、次には感謝の心、そのプロセスをいとおしむ心が自然と溢れ出てくるのだと思います。

自分に必要なのは、愛と赦しと信じること

しかし、これも焦ってはいけないのだと思います。すべて一つ一つが経験であって、出来なかったらまた次にチャレンジすればいいだけのことです。機会はいつでも与えられているのです。そしていつか乗り越えることが出来るようになるのです。必ず自分の癖や悩みから自由になることが出来るのです。そして一度経験すると、その安心感で必ずまたすぐに同じ経験が出来るものです。

私たちはみんなそれぞれの進化創造のプロセスの道を歩んでいます。みんなそれぞれが本当の自分の姿を知る道を歩んでいます。それぞれの世界で、それぞれに与えられた経験の中で生命を輝かそうと必死に生きているのです。その姿には責めや非難はこれ以上必要としません。必要としているのは、愛と赦しと信じることだけなのかもしれません。それも誰から一番必要とされているかというと、自分自身からなのです。内なる神である本来の自分自身から愛と赦しと信じることを与えられ

ることが一番必要であり、自分自身が望んでいることだと思います。

いとおしい私の生命に感謝。

完璧なる進化創造のプロセスに大感謝。

（注12）「人間と真実の生き方」は、巻末参照。

‡ 肉体さんへの祈り

私は自分の肉体が不調を訴えた時、そして近くにいる人が不調を感じた時に、目をつぶって、肉体さんへの祈りをすることがあります。

世界人類が平和でありますように
日本が平和でありますように
私達の天命が完うされますように
守護霊様ありがとうございます
守護神様ありがとうございます

肉体の私が本来の深い呼吸を通して、体内の細胞さんが神そのものの完全性

と創造性の光を注ぎ、気づき、目覚め、神そのもの、宇宙そのもの、光そのものを取り入れて、働き出しますように

そして肉体の私の意識はさらに目覚め始め、私は本来神と一つ、神と変わらぬ完全なる力を発揮し、完全なる健康の姿を永遠に、そして無限に現わし、その輝きを示していけますように

私には一つも欠けたる点はなく、
私には一点の曇りもない

神の本質とまったく変わらない、完全そのものである
私の意識はそれ一点に集中し目覚め始める

私の肉体はその意識に反応し始め、
私の内なる生命エネルギーがどんどん湧き始め、活動し始める

私の内に住み、宿る完全性を持つ細胞さんありがとう
私の内で働きつづける、神そのものの働きを担っているすべての内臓さんありがとう
私の内に輝きつづける神性で、一点の穢れもない、心臓さん、腎臓さん、肝臓さん、血液さん、骨さん、本当にありがとう

私は、祈ることを通して、そして印と呼吸法(注13)を通して、常にここに遍満する宇宙要素をすべて吸収し、体内の神へ目覚め、完全完璧なる本来の姿を蘇らせる。

霊的呼吸を深く行ない、神の叡智と神の愛を体内の細胞一つ一つに送り与える

内臓さん、血液さん、骨さん、細胞さんにそれを注ぎ、私の不完全な意識、眠ってしまっているものを目覚めさせるのである

それは神そのものの意識を持った私の仕事であり、

神と一つである私が自らを鍛え上げ、その叡智を引き降ろすのは私の仕事である

私の愛する肉体さん今日もありがとう

（注13）呼吸法にはさまざまな種類がありますが、ここで著者が言っているのは、〝呼吸法を伴った「我即神也・成就・人類即神也」の唱名〟のこと。これは、心の中で「我即神也」と思いながら息を吸い、息を止めて「成就」と思い、その後心の中で「人類即神也」と思いながら息を吐く呼吸法です。

‡ 光と闇

私たちの毎日
それは光と闇の連続

光を感じるとき、私たちは神と一つであり、
あらゆる生命と一つであり、
その時間と空間は完全なる愛と感謝に包まれる
あらゆる対立と二元性を超越して、高次の意識と一つになる
しかし闇を感じるとき、私たちは自らの存在を疑い、恥じ、

瞬く間にその隙間から恐れを招きいれ、
〝私たちが存在しつづけるためには「対立」に勝たなければ消えてしまう〟
という幻想に、いとも簡単にかられてしまう

本来の自分の存在を知っている人でさえ、
油断しているとその罠に陥ってしまうのである
しかし、陥ったとしても必ず、また光を見つけ、
本来の高次なる意識を摑むのである
必ず良くなる！　という意識の中で

毎日がその繰り返しである
その螺旋に連なる階段を私たちは一歩一歩登っていくのである

光と闇
それは神なる姿と、消えてゆく姿
それでいいんだ
それを経験しつづけていくうちに、いつか必ず私たちは故郷に導かれる

光と闇
それは神我と自我
それでいいんだ
それを見つめつづけているうちに、
いつか必ず本来の姿である、高次なる存在に運命をゆだねることが出来る

光と闇

神界と肉体界
それでいいんだ
そのプロセスにおいて、必ず神界と地球生命体とが一つに融けあっていく
そして、永遠に私という小宇宙も、神聖なる大宇宙も、進化しつづける

⁑ 未来を創るレスポンス

人生の中で起きるあらゆる出来事に対して、私が大切であると思っていることがあります。それは自分の目の前で起きる出来事、経験をどのような態度で受け止めるか、そのレスポンス（反応）が一番大切であると思うのです。その出来事に対しての自分のレスポンスとはどういうものなのか。騒ぐのか、叫ぶのか、怒り狂うのか、悲しむのか、批判するのか、責めるのか……。未来に引きつける現象は、その時々に湧き出る感情想念の延長線上にあり、ネガティブな反応が続く場合、それに引きずられていきます。

ここで何が大切であるか。それは深い悲しみや苦しみを覚えた時に、「よし！これは、この出来事自体に苦しみがあるのではなく、これに向き合う私のレスポンスによってさらなる苦しみにもなり、または大いなる進化にもなりうるのだ。どちらを選択するかは私自身にあるのだ！」ということを意識することであると思います。そして「私は本来の自分の力を発揮することを選択する！　必ず本来の力を証明し、素晴らしい経験に結びつけ、輝かしい未来へとつなげていく！」と思い、宣言することだと思うのです。このようなレスポンスこそが、内なる進化創造へとつながっていくのだと思います。

「未来」というのは、遥か遠いところにあるわけでも、闇の中に隠れているのでもなく、もうすでに自分の目の前のあらゆるところに存在しています。ただ、それを自らの意識で掴むか掴まないかであるのです。輝かしい未来を掴むためには、あらゆる恐怖を手放していかなければなりません。私も毎日がその繰り返しです。そして、今まで受け入れられなかった自分の嫌な面が出てきても、それを責めることなく、責める思いが徐々に感謝の気持ちへと変わっていくのを経験しています。今まで、「ああ、なんて情けないのだろう」と思っていた気持ちが、「ああ、小さく消していただいて有り難い。なんて有り難いのだろう」という感謝の気持ちへと変化しているのです。こうして徐々に自分を責める思いが消えてゆくのです。

私たちが自らの経験をどう受け止めるか。その反応一つによって、その時の数秒の思いによって、私たちが未来に経験する現象もまったく変わっていくのだと思います。ほんの数秒の思いが、未来の経験を創り出していくのです。

‡ 必要！ 必然！ ベスト！ パーフェクト！

あらゆる出来事の意味

最近、何かにつけ、自分の中から湧き上がってくる言葉、それが「すべては必要！ 必然！ ベスト！ パーフェクト！」です。

船井幸雄先生と母の共著で出版された『心配不要、これからよくなる！』（ビジネス社）の中で船井先生が「世の中で起こる出来事はすべて『必要・必然・ベスト』なこと」「必要があって起こり、起こるべくして起こり、マクロの視点で見たら、すべてベストですからね」と書かれている箇所があって、印象に残ったのです。その「必要・必然・ベスト」に私が「パーフェクト」という言葉を付け加えさせていただきました。辛いことがあった時に、「必要、必然、ベスト、パーフェクト」という言葉を思い出すだけで、すべては大丈夫という確信を持てる気がするのです。

個の人生においても、現在の地球上においても、苦しいと思うことや、悲しいと思うことはたくさんあります。それを感情的に受け止め、表面的に捉えてしまうと混乱が起きてしまいがちです。でも、それらは長い目で見れば、私たちが進化していくため、目覚めていくためのプロセスであるということを思い出し、次の瞬間を深い呼吸と共に、安心感をもって迎えます。すると、すべてはベストなタイミング、完璧な形で、起こるべくして起きているということに気づきます。

幸せと思える出来事も、不運と思える出来事も、自分を包み込んでくれる天使のような人も、付き合いにくい人も、すべては自分にとっては必要な出来事、よい先生であるということだと思うのです。ハプニングの真最中ではなかなか気づくことは出来なくても、その日の夜に心を静めて呼吸法を行ない、自分と向き合うと確信します。「こんなふうに自分の人生は完璧に調って進んでいき、成長が遂げられるようになっているのだ。こんなふうに自分の背後にはたくさんの神々様が付いていていらして、あらゆる経験を通して、プロセスを経て、自分の本来の姿を知らしめてくださっているのだ。こんなにも毎日の出来事は深い意味を持っていて、すべては本来の自分の輝かしく、美しく、完璧なる姿と出会うために起こっているのだ」と。

一つの扉を開けることとは、次の新たなる輝かしい扉、可能性に満ちた扉につながるのです。ですから、苦悩や悲しみというのは、悲しんで、嘆いて過ごす時間ではないと思うのです。苦しい時、悲しい時ほど「必要！ 必然！ ベスト！ パーフェクト！」を合言葉に過ごし、これを抜ければ必ず輝かしい出来事が待っている、それしか待っていないと思う、喜ばしい時間、祝福の時間として過ごさなければいけないのかもしれません。

私たちは未来の創造者！

あらゆる人間の不安や恐怖の根底に流れている思いとは、次に何が起こるか分からない、未知の世界があるという思いです。ですから、予言者、占い師、霊能者という存在が、世の中の多くの人々に必要とされてきたわけです。でも母は「未知なる未来とは自分の意識次第で、自分の思い通りに創造していける世界である」と申しています。これからは「未知なる未来＝輝かしい世界のみ」ということを意識して生きていくことが大切であるのです。

あらゆる恐怖――たとえば死であれ、病気であれ、貧困であれ、対立であれ、争いであれ、なぜ怖くて恐ろしいのか？　それはすべて未知なる世界であるからです。よっぽど飛びぬけた人でなければ、自分が病気になることによって、素晴らしい世界が待っているとは想像しません。自分が対立のど真ん中にいて、すごいひらめきが起こるという状況は想像しません。たいていの人は、それらの苦難の状況を思う時、想像を絶する苦しみを想像します。

でも、実際のところは誰にも分からないわけです。その未知なる世界というのは、自分の思いと意識で信じられないくらい素晴らしい世界にすることも可能であると思うのです。不安や恐怖の思い、過去のトラウマを元に過ごせば、苦しみはさらに倍増していきます。でも、その未知なる未来を怖がらなければ、その世界とは本当に素晴らしい可能性と自由性に満ちている世界であると思います。私たちの未来は、自分の思い次第、レスポンス（反応）次第、受け取る意識レベル次第で、いくらでも素晴らしい輝かしいものに変えることが出来るのです。そう信じて、いかなる時も過ごすことが大切なのだと思います。

完全なる光明思想家！

それには、意識を高く持っている人々が先立って、完全なる光明思想家として生きていかなければならないと思います。人々が抱える不安や恐怖といった否定的な思いを、自らの姿を通して、完全なる光明思想に置き換えて、どんな出来事をもすべて神の姿へのプロセスとしてしまうのです。このような人々が集まって示していくことが大切であると思います。

真理が浸透している高い意識を持つ人たちは、自らの人生経験、そして人類に起こるあらゆるプロセスに対して常に感謝し、すべては必要、必然、ベスト、パーフェクトであって、素晴らしい奇跡の連続であるということを、普段の生活で自然と思えるようにまで高まっているのかもしれません。もし私たちが自らの人生の中でそれを示していくことが出来れば、その姿に触れて感動し、感激する人々がどんどん増えていくに違いありません。

「この人の側にいるとなんて温かい気持ちになるのだろう！　なんて完璧な安心感に包まれるのだろう！　この人はなんて愛と感謝と光明に溢れているのだろう！この人の側にいるとすべては完璧で、完全に調っていて、この世の中に存在すると言われている不安は微塵も感じない！」このような存在でありたいと私は常に思うのです。なぜなら、この喜びと幸せと感謝と祈りに満ち溢れた共磁場(注14)はどんどん広がっていくと思うからです。

（注14）同種類の想念、言葉、行為を繰り返すことによって、それらのエネルギーが蓄積されて形成される磁場。三次元の現実世界に影響を及ぼしています。概念的には、シェルドレイクの形態形成場（形の場）と同じです。

‡ 人生の光明思想家

誰にでもある
感情に流されて、情けない姿になるときが……
誰にでもある
自分を守ろうと、人を責めてしまうときが……
誰にでもある
自分の弱さがみっともなく出てしまうときが……
自分の未熟さ、自分の悪い癖がでてしまうときが……

でも、そんなとき必ず思い出す
素晴らしい神人(注15)のことを

そして勇気をもらう
そんなすごい神人の姿から

自分の目の前で今現在何が起きていようと
自分が今現在どんなに辛い状況にあろうと
笑顔を振りまき
明るく過ごし
人のことを思い
世界平和を祈っている神人の姿を
私は知っている

辛い状況にいるとき

本当は泣き崩れるくらい悲しいはずなのに
本当は怒り狂うくらい辛いはずなのに
本当は叫びたくなっているはずなのに

あえてそれをせずに
そんな中で、笑顔でいる人を
明るく接している人を
優しく手を差しのべる人が存在していることを

すごいことは何も言わなくても
すごいことを特別しなくても
すごい立場に立っていなくても

それをやりのけている神人の存在を知っている

私は思う
人間の神様は
教会の神父様のお姿だけに
お寺の住職様のお顔だけに
神社の神主様の祈りの中だけに
存在するものではないということを

普通の日の
普通の生活の中に
普通の人が

語る言葉の中に
顕す行為の中に
祈る姿の中に
神人の姿が活き活きと溢れていることを

楽しいことなんてそうしょっちゅうあるわけではない
幸せなことなんて年がら年中経験するものではない
苦しみと悲しみと不甲斐なさと向き合いながら
祈りつづけながら
その中に、差し込む光が嬉しく感じるものである
苦しみと喜びはかけ離れたものではなく
隣り合わせにあるもの

両方経験するからこそ
人間はその道を深く愛し、祈り
歩きつづけられるのであろう

自分の醜さ
自分の至らなさ
自分の未熟さ
自分のエゴ……

それらと触れるとき、とてつもない窮屈さを感じるけれど
人間は必ずその醜さから、美しさを生み出していけるのだ
人間は必ずこの至らなさから、完全性を見出していけるのだ

人間は変わることが出来る
人間は「今」すぐにでも変わることが出来る
どこまでも果てしなく変わることが出来る

その道こそが祈りの道であり
その祈りの道こそが、我々の歩む白光の道である

……
挫折であったり、苦しみであったり、至らなさであったり、自我であったり

それらを経験しながら白光に向かって、祈りつづけ、歩きつづけ、信じつづけ、そして目覚め、蘇り、変化し、進化し、いずれ我即神也、人類即神也に至るのである

だから苦しみや悲しみはそう悪い経験ではないはずだ

その渦中にいる時は、吾を責め裁き、真っ暗闇の中で、もがいている感覚を
　味わうかもしれない
でも人間はそこでは終わらない
必ずそこから這い上がり
自分を赦し人を赦し
自分を愛し人を愛すことを繰り返し
そしてまた這い上がり、進化していくのだ

人間が赦せる限度は果てしない……それは無限である
人間が愛せる限度は果てしない……それは無限である

人間の進化創造は果てしない……それは無限である
人間は無限に赦し、無限に愛することが出来るからこそ、奇跡を起こすこと
　が出来るのである
創造を無限に広げることが出来るからこそあらゆる奇跡が起こるのである

だからまた信じてみよう
自分自身の生命を
だからまた感謝しよう
我々の世界平和の祈りの道を
またもう一度愛してみようこの完全なる生命を
またもう一度赦してみようあの完全なる出来事を

そしてまたもう一度、自由に飛びまわろう
神様の姿で

（注15）神性に目覚めた人を指します。白光真宏会には、神人になるための特別プログラム「神人養成課題」があります。「神人養成課題」は、白光真宏会のホームページ（http://www.byakko.or.jp）でご覧いただけます。

第3章

Rising ～神の世界へ～

⁑ 呼吸について

「呼吸法を伴った〝我即神也・成就・人類即神也〟の唱名（呼吸法の唱名）」が神事として始まって以来、私はこの呼吸法をきっかけに、呼吸について考えることが多くなりました。呼吸について考えるというのもおかしな話ですが、呼吸に意識を向けることによってさまざまな発見をするようになったのです。

呼吸は生命を維持する基本的な営みであって、私たちに生きる力とエネルギーを毎瞬与えてくれています。しかし、息を吸って、吐くという単純なパターンに意識を向けてみると、その働きは肉体を維持しているだけではないということが分かります。お祈りや呼吸法の唱名をしている時は、呼吸によって精神の安定が促され、また直観などの霊感が深められ、内なる神とつながることをも助けてくれます。

息を吸うこと、吐くこと

人間というのは、息を吸っているだけでは生きていけません。吸った後に必ず息を吐かなくては生きていられないのです。息を吸ったら必ず吐くということの法則に意識を向けてみると、いろいろなこととの共通点が見えてきます。

例えば、人間は食べ物によって、一日に大体二千キロカロリーの熱量を摂取しているといわれています。しかし、なぜそれだけ取り入れなければならないかというと、私たちは一日にその分だけ肉体を動かし、頭を使うなどしてエネルギーを消費しているからです。

しかし、もしカロリーを多く摂取しておきながら、ほとんど消費することがなかったら、身体は肥満化し病気につながるなど、調子が悪くなることでしょう。

ですから、私たちは取り入れたらその分だけ使わなければならないのです。息を吸っているだけでは生きてゆけないのと同じように、食べ物をただ取りつづけるだけでは、身体のリズムを崩してしまいます。

また知識も同じことで、勉強会に参加したり、本を読んだりして、あらゆる知識を取り入れても、その知識を生かし、外に現わすことが出来ずに、内に貯め込む一方であれば、バランスに欠けてしまいます。頭でっかちになり、心と頭のバランスが崩れてきてしまうのです。あるいは、あまりにも頭ばかりに情報が溜まりすぎてしまって、自分自身の内なる力を信じることが難しくなるかもしれません。

私自身のことを考えてみても、子どもの教育に関してあらゆる本を読み、勉強をしています。しかし、いざ子どもたちと接する時、頭でさまざまなことを考えながら接すると、子どもの本質を見失ってしまうことがあります。そういう知識を捨てて、自分の心の赴くままに子どもたちと接している時にこそ、一番自分が伝えたいことを子どもたちに伝え、経験したいことを体験できることに気づいたのです。

そのことに気づく前の私は、知識を取り入れることや、吸収することに夢中になりすぎていて、呼吸でいう〝吐く息〟が上手く出来ていなかったように思います。

今まで、あまり意識を向けることのなかった呼吸に対して、このように意識を向けることによって、吸うことの意味、そして吐くことの意味を明確にすることが出来ました。

息を吸うということは、自分の内に生命元素を大きく取り入れるということだと思います。そして息を吐くということは、その取り入れた生命元素を基に、自分の内から外に向けてあらゆることを創造し、現わすということなのだと思います。

私たちは老若男女問わず、息を吸って吐くことをしています。誰に教わることなく、自然に自分たちで生命の源を取り入れ、それを基に内なるものを外に出しているのです。

しかし、どんな息を吸って吐くかは、私たち一人一人に懸かっています。深く息を吸って吐く人もいれば、浅く息を吸って吐く人もいます。無意識に息を吸って吐く人もいれば、意識的に息を吸って吐く人もいます。

呼吸法の唱名

「呼吸法の唱名」においてもまったく同じことが言えると思うのです。〝我即神也〟を唱えるのは、息を吸いながら心の中で行ないます。「私が語ること、想うこと、表わすことは神そのものである」という真理を深く吸い込み、その深く吸い込んだ息を集中させ一瞬息を止めて「成就」させます。そして次は〝我即神也である自分自身の内から出るエネルギーである〟と意識しながら、〝人類即神也〟を外に顕すために、深く息を吐き出します。

呼吸をするということに、こんなにも深い意味があったことに改めて感謝し、無意識に呼吸をしつづけることほどもったいないことはないと思いました。

⸸ 深呼吸……それは肉体の輝きの証なり

深呼吸、それは肉体の輝きの証なり
吸って、吐いて……

息を吸って……
私はあらゆる要素を吸収し、生かされていることに気づき
息を吐いて……
私はあらゆる要素に生命エネルギーを注ぎ込む

息を吸って……
私はあらゆる人に育てられ、導かれていることに感謝し

息を吐いて……
私はあらゆる人を育て、導き返す

息を吸って……
私は無限なる愛を天地から授かり
息を吐いて……
私は無限なる愛を天地へと送る

息を吸って……
私はあらゆる悲しみ、幸せを経験し
息を吐いて……
私はさらに強くなり、さらに慈愛深くなる

息を吸って……
私は我即神也を宣言し
息を吐いて……
私は人類即神也を顕す

息を吸って……
私は内なる世界の平和を創造し
息を吐いて……
私は世界人類の平和を創造する

どん底で先が見えなくなった時も
深く息を吸って、吐きつづけることは生きること

それが悲しみを喜びへと変え
苦しみを愛へと変え
痛みを癒しへと変え
弱さを強さへと変える

焦らずコツコツと
目の前のことを逃げずにじっとみつめ
その一つ一つに深い呼吸を注いでいればいい
すべてを一瞬にして解決しようとはせずに
毎日を前向きに、そして感謝の心で
一つ一つ対処していけばいい

奇跡を生むということは、大胆無謀な答えを出すことではなく
人生の出来事に、感謝の心で向き合い
そして
深く息を吸って、吐きつづければいい

この繰り返しが、奇跡を生み
この繰り返しが、生命を生かし
この繰り返しが、進化創造へと導く

私達の人生
私達の地球
それは毎日の呼吸の繰り返し

喜び溢れる経験も
辛い出来事も
すべては呼吸で深まり
神の姿へと導びかれる

深い呼吸、それは真の祈りであり
肉体の輝きの証なり

⁑我即神也について考える

我　即　神　也（宣言文）

私が語る言葉は、神そのものの言葉であり、私が発する想念は、神そのものの想念であり、私が表わす行為は、神そのものの行為である。

即ち、神の言葉、神の想念、神の行為とは、あふれ出る、無限なる愛、無限なる叡智、無限なる歓喜、無限なる幸せ、無限なる感謝、無限なる生命、無限なる健康、無限なる光、無限なるエネルギー、無限なるパワー、無限なる成功、無限なる供給……そのものである。それのみである。

故に、我即神也、私は神そのものを語り、念じ、行為するのである。

人が自分を見て、「吾は神を見たる」と、思わず思わせるだけの自分を磨き高め上げ、神そのものとなるのである。

私を見たものは、即ち神を見たのである。私は光り輝き、人類に、いと高き神の無限なる愛を放ちつづけるのである。

我即神也とは自分を解放すること

今朝、外を見上げると普段とは違う空の様相に不思議な感覚を覚えました。明るい太陽の光と暗い黒雲の二極が交じり合って、美しい調和を描いていました。この光景を目にした時、ふいに〝我即神也〟の真理が飛び込んできました。それは前日に、自分の中で〝我即神也〟の意味について考えていたからかもしれません。

現在の社会人を見ていても、子どもたちの姿を見ていても、早い頃から自分を、そして他人を評価・批判することを身に付けさせられているように思います。その結果、自分にまったく自信のない人たちが多く存在しているように思います。

私の知り合いの中にも、「私なんか、畏れ多くて我即神也とは言えない」と言う人があります。しかし我即神也というのは、決して今の自分を否定して、自分とは違う自分をつくるためのものではないのです。無理して優しい人を演じ、自分を疲れさせ、人に尽くせなかった時に自分を責め、批判することではありません。それらはむしろ我即神也の正反対の行為であると思います。

我即神也は、自分の態度や想念などに成績をつけるような、小さな自己限定の枠の中で生きている生活から、その枠を外し自由にしてあげることなのです。悲しむ自分、嘆く自分、優しく出来なかった自分があってもよいのです。ただ悲しむ自分しか存在しない、不幸な自分しか存在しない、という限定した枠を解放してあげればよいことなのです。「私には我即神也は顕せない！」という小さな枠の中で生きている生活から、自分を解放し、もっと自由に本来の姿を経験させてあげることなのです。

自分の枠を取り外す

私は失敗した時や、人を傷つけてしまった時、何でまたこんなことをしてしまったのだろうと、無意識に自分を批判することがあります。そういう時は自己嫌悪に陥り、情けない思いを味わいます。しかし、それだけが自分の姿ではない、情けない思いをする自分もいるが、それはほんの一部の自分であって、本来の自分ではないということを思い出すのです。すると、情けない自分という限定された枠でしか自分を見ることが出来なかった意識を解放してあげることが出来るのです。

我即神也を信じるということは、どんな過去を持っていようが関係ありません。また今の自分がどんな状況、状態にあっても、我即神也なのです。なぜなら今苦しい状況にいるのは、その小さな枠にしか自分の意識が向けられないからです。過去に把われてしまうのは、過去という枠の中にしか自分を見出すことが出来ないからです。でもその枠を取ってあげることが出来たら、それだけの存在ではないということが明らかになります。我即神也とは、小さな枠の中で生きている自分を自由にさせ、本来の自分の姿と向き合わせてくれるものなのです。

我即神也の宣言文の中の「私が語る言葉は、神そのものの言葉であり」というのは、私が語る言葉は、日常生活において情報交換するためだけに使われる言葉であるという限定した枠から、神そのものを語り、真理を語ることさえ可能であることを意味しています。

「私が発する想念は、神そのものの想念であり」とは、私が発する想念は、日常生活において喜びや悲しみなどで、人生に色を付けるためだけの想念ではなく、光り輝いた想念をも発することが出来るということを意味しているのです。

「私が表わす行為は、神そのものの行為である」とは、私が表わす行為とは、この世において肉体を生かすためだけの行為ではなく、無限なる愛に溢れた行為を表わすことが可能である存在だということを知らせてくれています。つまり自分の周りにあるさまざまな枠を解放してあげられれば、自分の想像以上の言葉、想念、行為を表わすことが出来るということなのだと思います。

我即神也の「即」について

我即神也の言葉の中で私に一番響く部分は「即」の部分であります。我神也でも通じないことはありませんが、この「即」を入れることで、とっても力強く自分の内に響いてくるからです。我神也であったら、今の瞬間が大切にされません。「即」は、〝今！　この瞬間！〟でさえも我は完璧な姿であり、光り輝いた存在であることを思い出させてくれます。明日でもなく、一年後でもなく、来世でもなく、〝今！この瞬間！〟自分は神の目覚めた意識を持つ、我即神也ということなのです。その瞬間どんな悩みを抱えていようと、どんな苦しみを抱えていようと、それは本来の姿ではなく、必ず消えていってしまう、肉体の自分であるだけということなのです。

無限に広がる空を見上げて、太陽と黒雲とが調和して美しいハーモニーを描いているいる光景は、まるで私たちの内なる光景のように思えます。空は黒雲に覆われているだけということはありません。黒雲の部分もあれば、光り輝いた太陽の部分もあります。私たちの中には無限なる空が広がり、その空は常に変化しつづけていくのだと思います。

‡人間の進化創造は強い意思決定にあり！

人間が奇跡を起こす瞬間、苦しみを乗り越える瞬間、進化創造を経験する瞬間というのは、強い意思決定が自らの内で下された瞬間に起こるのではないかと私は思うのです。危機的状況から救われた経験をした人の話を耳にすると、どの人も「絶対に自分は救われる。必ずここから脱出する！　その選択しか自分の中にはなかった」と言います。要するに、「絶対にこの状況は嫌だ！　必ず幸せになる！　必ずこの状況から脱する！　この環境は嫌だ！　拒否する！」という強い意思が腹の底から湧き出た時に、状況は絶対に変わるということです。人間は自分がNO！　と断言した時に、そこから脱出できます。自分が強い意志でYES！　と言った時、それは顕れます。しかし、中途半端な、曖昧な気持ちで宣言しても変わらないものです。腹の底から、すごい勢いのエネルギーで、強く思った時に、必ずその状況から抜け出し、自らが選択し、決断した事柄を成就することが出来るのだと思うのです。人間はその時に初めて、自分が自由であることに気づくのかもしれません。

多くの人たちは、「自分が望んでいることは叶わない」と思い、自分には幸せを経験する権利は与えられていないと思い込んでしまいがちです。その思い込みは、本来の創造力豊かに生きる力をどんどん低下させてしまいます。自分が何を望み、どのように生きたいのか、自分の生命をどう輝かしていきたいのかを見つめる機会さえ奪ってしまうのです。

私たちは生命を輝かせるためにここに生きています。固定観念の世界、常識の世界の中で、窮屈に生きるためではありません。人生の一瞬一瞬に、自らに内在する無限なる創造力、内に広がる宇宙そのもの、魂が経験したいと思うこと、渇望していることを現わすために生きています。人間は、失敗と言われていることから素晴らしいことを生み出し、苦しみと言われている経験から奇跡を生み、醜いと言われている姿から神の姿を発見し、不可能と言われていることを可能にする力を神様から与えられています。

私たち一人一人が自らの本質を見つめ、自らに本当の自由を許した時、自分の経験したいことは何でも経験でき、現わすことが出来るのだと思います。「自分は無理だ」と思っている人は、苦しい環境という名のもとで、勇気を持って創造力豊かに生きることを断念してしまっているのかもしれません。この渦の中に留まっていれば、未知なる世界に飛び込むことも、創造力豊かに幸せを掴むことをしなくても許されると思い込んでしまっているのかもしれません。私たちはすごい能力を内に秘めていると思います。私たちには、本来自由であることを経験させてくれる方法が与えられています。自由に自分の人生の主導権を握り、創造力豊かに生きることが出来るのだと思うのです。

意識を一心に集中させ、

私はこの苦しみを味わうことは二度と選ばない！

私はこの孤独を経験することは二度と選択しない！

私はこの執着を引き寄せることは二度としない！

私は絶対に幸せになる！

私はどんな状況からもポジティブを摑む！

私は必ずこの不可能を可能にしてみせる！

私は、私の言葉、想念、行為を通して、我即神也を必ず顕す！

こう宣言し、断言し、決断した時、必ずそのままの生き方が出来るはずなのだと思うのです。きっと私は自分の人生に起こるあらゆる出来事を通して、本来の姿を現わすために必要な強い意志を養わせてもらっているのだと感じます。

⁑ 自らの意識を高める

私は、運命とは、自分の意識によってどんどん変えていけると思います。例えば、一口に運命的な出会いと言っても、自分の意識の層（レベル）によって、自分の運命の人は何人もいると思うのです。自分の意識がCのレベルにおいては、Cのレベルの人との運命の出会いを掴み、果たします。そのCのレベルの層において、自分も相手も高められる出会いがあります。しかし、自分を見つめ、意識が前より一歩でも神に近づき、本来の自分の姿を思い出し、Bのレベルになれば、新たにBのレベルにおいての出会いや出来事があるのです。そしてAのレベルにまで進化したらAのレベルの人や出来事を掴むことが出来るのです。Cの層の中に、Aの意識レベルの人も存在しているのですが、自分が未だCの意識レベルにいると、それを自分で掴み取ることが出来ないのであります。これは人間関係に限らず、あらゆることに当てはめることが出来ると思います。

要するに、自分の周りに高い真理、そして叡智は溢れているけれど、自分が意識しなければ、それを摑み取ることが出来ないのであります。自分の運命、そして摑む真理、ひきつける人、起こる出来事を変えたいのならば、自分を常に神の中に住まわせることに意識を向け、自らの神眼で、神そのものである自分を見つづけることだと思います。すると今この時点でさえ、遍満している神そのものの叡智、愛、直観を摑むことが出来るのだと思うのです。

✣ I love you... and I forgive you...

差別されたくない……
見下されたくはない……
貧乏にはなりたくない……

でも、この世にそのように指さされて生きている人が、今この瞬間に存在するのが現実
それは私たちの未来の不安の思いではなくて
今この瞬間その渦の中で生きている人たちがいるから
湧き上がってくるこの思い……

縛られたくはない……
孤独にはなりたくない……
奴隷にはなりたくない……

でも、この世にこういう姿で生きている人が、今この瞬間存在するのが現実
それは私たちの未来の姿の不安ではなくて
今この瞬間この幻想の中で生きている人たちがいるから
湧き上がってくるこの苦しみ……

それが完全になくなるまで
その幻想から完全に目覚めるまで
私たちはこの苦しみと不安を経験する

それを経験したくないと思ったら
世の中に真理を、光を、愛を放たなければならない
その不真実、偽り、幻想から目覚めるように

でなければ、人の心の中にはいつまでも不安は生きつづける
自分のうちで生きつづける

なぜなら私たちはみんな一つに結ばれつながっているから
人の経験と自分の経験を切り離すことは本来できないから

あそこの現象、あそこの経験……
それも私の中で生きている

だから私は祈る
世界人類が平和でありますように
人類即神也
そしてすべてのすべてに
I love you……
I forgive you……

これを唱えると、愛と赦しの光が溢れ始める
世界人類が平和でありますように
人類即神也
I love you……
I forgive you……

私は私の経験だけに責任があるのではない
私はこの世の苦しみ、災難、恐怖にも責任がある
だからこそ私のうちに未だ消えない、未来への不安、恐怖
なぜなら私たちはみな一つに結ばれつながっているから
私の苦しみ、過去を癒すことが出来たら、
この世の苦しみ、過去は一つ消える

私はこの地球に存在するすべての生命の経験に責任がある
私はこの世界で起こるすべての姿に責任がある
私はこの人類が味わうすべての現象に責任がある

だから責めることの無意味なこと

批判することの無駄なこと

すべての現象は私たち一人一人の責任だから
だから共に祈りつづけよう
世界人類が平和でありますように
人類即神也
I love you......
I forgive you......

世界平和の祈り

世界人類が平和でありますように
日本が平和でありますように
私達の天命が完《まっと》うされますように
守護霊様ありがとうございます
守護神様ありがとうございます

人間と真実の生き方

人間は本来、神の分霊《わけみたま》であって、業生《ごうしょう》ではなく、つねに守護霊《しゅごれい》、守護神《しゅごじん》によって守られているものである。

この世のなかのすべての苦悩は、人間の過去世《かこせ》から現在にいたる誤てる想念が、その運命と現われて消えてゆく時に起る姿である。

いかなる苦悩といえど現われれば必ず消えるものであるから、消え去るものであるという強い信念と、今からよくなるのであるという善念を起し、どんな困難のなかにあっても、自分を赦《ゆる》し人を赦し、自分を愛し人を愛す、愛と真《まこと》と赦しの言行をなしつづけてゆくとともに、守護霊、守護神への感謝の心をつねに想い、世界平和の祈りを祈りつづけてゆけば、個人も人類も真の救いを体得出来るものである。

光明思想の言葉

光明思想の言葉には、次のような言葉があります。

無限なる愛
無限なる調和
無限なる平和
無限なる光
無限なる力
無限なる英知
無限なるいのち
無限なる幸福
無限なる繁栄
無限なる富
無限なる供給
無限なる成功
無限なる能力
無限なる可能性
無限なる健康
無限なる快活
無限なるいやし

無限なる新鮮
無限なるさわやか
無限なる活力
無限なる希望
無限なる自由
無限なる創造
無限なるひろがり
無限なる大きさ
無限なる発展
無限なるエネルギー
無限なる感謝
無限なる喜び
無限なる美
無限なる若さ
無限なる善
無限なるまこと
無限なる清らか

無限なる正しさ
無限なる勝利
無限なる勇気
無限なる進歩
無限なる向上
無限なる強さ
無限なる直観
無限なる無邪気
無限なるゆるし
無限なる栄光
無限なる気高さ
無限なる威厳
無限なる恵み
無限なる輝き
無限なる包容力

人類即神也《じんるいそくかみなり》（宣言文）

私が語ること、想うこと、表わすことは、すべて人類のことのみ。人類の幸せのみ。人類の平和のみ。人類が真理に目覚めることのみ。

故に、私個に関する一切の言葉、想念、行為に私心なし、自我なし、対立なし。すべては宇宙そのもの、光そのもの、真理そのもの、神の存在そのものなり。

地球上に生ずるいかなる天変地変、環境汚染、飢餓、病気……これらすべて「人類即神也」を顕すためのプロセスなり。

世界中で繰り広げられる戦争、民族紛争、宗教対立……これらも又すべて「人類即神也」を顕すためのプロセスなり。

故に、いかなる地球上の出来事、状況、ニュース、情報に対しても、又、人類の様々なる生き方、想念、行為に対しても、且つ又、小智才覚により神域を汚《けが》してしまっている発明発見に対してさえも、これらすべて「人類即神也」を顕すためのプロセスとして、いかなる批判、非難、評価も下さず、それらに対して何ら一切関知せず。

私は只《ただ》ひたすら人類に対して、神の無限なる愛と赦《ゆる》しと慈しみを与えつづけ、人類すべてが真理に目覚めるその時に至るまで、人類一人一人に代わって「人類即神也」の印を組みつづけるのである。

西園寺里香（さいおんじりか）

白光真宏会副会長、ワールド・ピース・プレヤー・ソサエティ副理事長。

中高時代をアメリカとドイツで過ごした後、学習院大学文学部哲学科を卒業。

米国ミシガン州立大学大学院幼児発育学科修士課程修了。

その後カリフォルニア州サクラメントにてシュタイナー教育を学ぶ。

現在は西園寺昌美会長の後継者の一人として、三姉妹で力を合わせ講演活動や機関誌への執筆を通し、真理の普及につとめている。

白光真宏会出版本部ホームページ　http://www.byakkopress.ne.jp
白光真宏会ホームページ　http://www.byakko.or.jp

いとおしい生命《いのち》
～私たちは天国からの使者

平成二十年九月二十五日　初版

著　者　西園寺里香
発行者　平本雅登
発行所　白光真宏会出版本部
〒418-0102　静岡県富士宮市人穴八一二―一
電　話　〇五四四（二九）五一〇九
ＦＡＸ　〇五四四（二九）五一一二
振替　〇〇一二〇・六・一五一三四八

東京出張所
〒101-0064　東京都千代田区猿楽町二―一―十六　下平ビル四〇一
電　話　〇三（五二八三）五七九八
ＦＡＸ　〇三（五二八三）五七九九

印刷所　加賀美印刷株式会社

乱丁・落丁はお取り替えいたします。

定価はカバーに表示してあります。


ISBN978-4-89214-182-9 C0014